為你的心定錨

古羅馬哲學家的50個靜心生活哲思

The Enchiridion

Epictetus

愛比克泰德——著
譯——愷易緯

開朗文化
LUCENT BOOKS

一七一五年拉丁文譯本中的愛比克泰德肖像。

編序

奴隸出身，成就不凡思想

關於愛比克泰德的背景，後人僅約略知道，這位瘸腿的哲人大約是在公元五十五年左右，生於當時羅馬帝國東方偏遠省分的希拉波利（Hierapolis，現今土耳其境內的棉堡）。他在年幼時就被賣至羅馬，成為奴隸。愛比克泰德甚至不是他的真實姓名，只表明了他的身分，因為此字在希臘文裡的意思是「買來的」或「得到的」。

從幼年到成年這段期間，愛比克泰德都是在羅馬權貴、同時也是羅馬皇帝尼祿的書記以巴弗提（Epaphroditos）家中擔任奴僕，但有機會獲允向當時尚未遭尼祿驅逐出境的斯多噶哲學家魯弗斯（Caius Musonius Rufus）學習。

後來，以巴弗提讓愛比克泰德回復自由之身，不再是奴隸身分的他便開始在羅馬教學，直到公元九〇年時，因當時的皇帝圖密善（Domitian）擔心帝國裡的哲學家有礙其執政，便將境內哲學家驅逐出境，愛比克泰德因而轉往尼科波里斯（Nicopolis，位在現今希臘西北部），在當地講課教學，直至晚年。

門徒的紀錄，讓思想得以流傳

嚴格說來，本書並非愛比克泰德的「著作」，因為他生前並未留下任何著述。

後人之所以能夠認識愛比克泰德的精神世界，要歸功於他的學生阿里安（Arrian）將他的言行記錄了下來，集結為《論說集》（*Discourses*），並再從中選輯、精簡為《手冊》（*Enchiridion*）一書，在公元一二五年左右出版，這正是這本《為你的心定錨》一書的原典。

「Enchiridion」的字意近似於中文的「手冊」或「筆記」，由此能看出這部作品的精簡程度，而阿里安記錄所採用的文體，是當時在古羅馬帝國東方希臘化的希臘人（Hellenistic）所用的日常語言，相當貼近俗民生活，而在他的記錄下，愛比克泰德言談中的比喻或形容，也相當契合當時的生活情境，當中沒有任何深奧的理論，而是藉著再普通不過的日常實例，說明斯多噶派的智慧能如何運用於生活中，撫平那些不安和失落的情緒。

而這當中的關鍵，就在於人對事物的認知，也就是我們的「心」。

跨越時空，東西方精神的相通

盛行東方的《心經》教導，人除了自己的心，其實無法緊抓或依附任何外在的東西。通曉日本文化的作家艾力克斯・柯爾（Alex Kerr），在他的著作《尋找心經》（*Finding the Heart Sutra*）一書中就這麼寫道：「西方傳統中若是有一本書，在精神上與《心經》最相近，那便是集結了古哲人愛比克泰德思想的《手冊》……根據《手冊》的說法，周遭那些外在事物，以及這世上的事件，是超乎我們所能掌控的。這些事物及事件來來去去，我們無能掌控，而你我唯一能掌控的，是自己的心識。這覺悟聽來或許蒼涼，卻也能是力量的來源。」

和短短兩百餘字的《心經》一樣，《手冊》也用最精簡的文字，傳達了最關鍵的觀念。

人內心的認知與信念，形成了眼中所見的世界。

讓我們苦惱的究竟是問題本身，還是我們自以為真的想像？

愛比克泰德的思想，早已給了世人最微妙的答案。

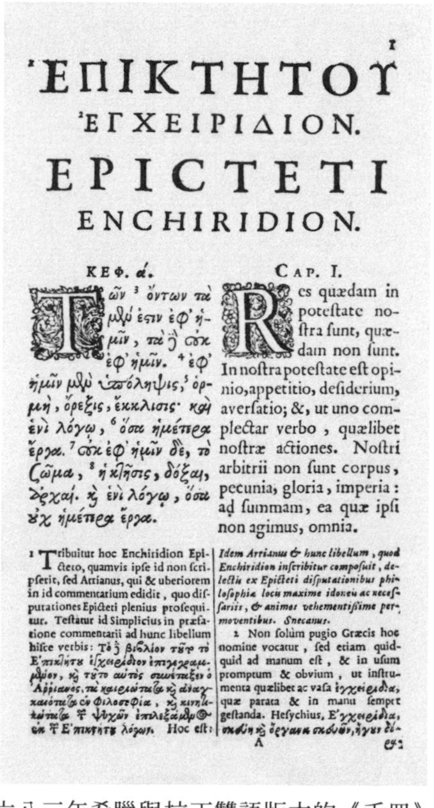

1

ἘΠΙΚΤΗΤΟΥ ἘΓΧΕΙΡΙΔΙΟΝ.

EPICTETI ENCHIRIDION.

ΚΕΦ. α'.

Τῶν [3] ὄντων τὰ μὲν ἐστιν ἐφ' ἡμῖν, τὰ δὲ οὐκ ἐφ' ἡμῖν. [4] ἐφ' ἡμῖν μὲν ὑπόληψις, [5] ὁρμὴ, ὄρεξις, ἔκκλισις· καὶ ἑνὶ λόγῳ, [6] ὅσα ἡμέτερα ἔργα. [7] οὐκ ἐφ' ἡμῖν δὲ, τὸ σῶμα, [8] ἡ κτῆσις, δόξαι, ἀρχαί. καὶ ἑνὶ λόγῳ, ὅσα οὐχ ἡμέτερα ἔργα.

CAP. I.

Res quædam in poteſtate noſtra ſunt, quædam non ſunt. In noſtra poteſtate eſt opinio, appetitio, deſiderium, averſatio; &, ut uno complectar verbo, quælibet noſtræ actiones. Noſtri arbitrii non ſunt corpus, pecunia, gloria, imperia: ad ſummam, ea quæ ipſi non agimus, omnia.

1 Tribuitur hoc Enchiridion Epicteto, quamvis ipſe id non ſcripſerit, ſed Arrianus, qui & uberiorem in id commentarium edidit, quo diſputationes Epicteti plenius proſequitur. Teſtatur id Simplicius in præfatione commentarii ad hunc libellum hiſce verbis: Τὸ δὲ βιβλίον τοῦτο τὸ Ἐπικτήτου ἐγχειρίδιον ἐπιγεγραμμένον, καὶ τοῦτο αὐτὸς συνέταξεν ὁ Ἀρριανὸς, τὰ καιριώτατα καὶ ἀναγκαιότατα ἐν φιλοσοφίᾳ, καὶ κινητικώτατα τῶν ψυχῶν ἐπιλεξάμενος ἐκ τῶν Ἐπικτήτου λόγων. Hoc eſt: *Idem Arrianus & hunc libellum, quod Enchiridion inſcribitur compoſuit, delectis ex Epicteti diſputationibus philoſophiæ locis maxime idoneis ac neceſſariis, & animos vehementiſſime permoventibus. Snecanus.*

2 Non ſolùm pugio Græcis hoc nomine vocatur, ſed etiam quidquid ad manum eſt, & in uſum promptum & obvium, ut inſtrumenta quælibet ac vaſa ἐγχειρίδια, quæ parata & in manu ſemper geſtanda. Heſychius, Ἐγχειρίδια, σκεύη καὶ ὄργανα σκευῶν, ἤγουν ξί-

A

φη:

一六八三年希臘與拉丁雙語版本的《手冊》。

01.

這世上的事物，有些是在我們的掌控之內，有些不然。我們可掌控的有觀點、追求、慾望、厭惡等，換言之，就是那些我們能自主選擇的。無法掌控的則有身體、財物、聲望、指令等，也就是我們無法自主選擇的。

我們可掌控的東西，本質上是自由、不被束縛或未受阻礙的。但無可掌控的東西是虛的、被奴役、受拘束、受控於他人的。那麼，請記得，如果你認為那些本質上就受奴役的東西同樣是自由的，而受控於他人的東西也是你的，那麼你就會受阻。你會悲痛，你會受干擾，繼而怨天尤人。

可是，你若只專注於自己能掌控的事物，他人擁有什麼與你無關，那麼就沒有什麼能對你造成脅迫或牽制。而且，你也不會將過錯歸咎他人，行事也不會有違自己的意志。無人能傷害你，你也不會樹敵，不會因而受傷害。

以此做為目標，切記，莫讓自己受那些毫無意義的事情牽著走，哪怕僅有一絲一毫也不行。相反地，你必須徹底放棄那些不可控的。想把握住那些可掌控的，同時卻又想握有財勢，你最後終將落得兩頭空，更遑論得到幸福和自由——因為幸福和自由與否，乃取決於可控的事物。

做任何事都竭盡所能，那麼，你就能對所有困難的事說：「你不過是看似困難罷了，實則未必如此。」接著以原則去檢驗，尤其是這一點：你遭遇到的事是否是自己可掌控的？如果那超乎掌控，那麼結果也就不取決於你，與你無關。

02.

慾

望促使你去追求你想要的事物，厭惡則令你迴避你討厭的。

然而，想得卻不可得，人便會失望；遭逢厭惡之物，便會因而不幸。如果你只討厭那些在你出於本質所選擇的對立事物（也就是你在自己可掌握的範圍內不會去選擇的那些），那麼就永遠不會招來你所厭惡的。然而，你若厭惡疾病、死亡、貧窮等你自己無法選擇和改變的，那麼你便會因而受苦。

莫厭惡那些你無法掌控的事物，接著，將厭惡轉化，視為和你可掌控的事物本質相反的東西。暫且壓制慾望，因為若是追求那些在你掌控之外的事物，必然終將失望。對於喜惡趨避，謹慎為之，即便是對最微小的事物，也須保守謹慎。

03.

對於那些為你帶來喜悅、而且你深深喜愛的有用之物，從最不重要的開始，提醒自己：它們的本質是什麼？

例如，如果你特別喜愛某只陶杯，提醒自己，你喜歡的不過是尋常陶杯，並不在於具體是哪一只。如此一來，你喜愛的那只杯子若是破了，你便不會為此煩惱。當你親吻妻兒時，提醒自己，你所吻的不過是凡人。如此一來，他們若是離世，你便不會為之所苦。

04.

當你有意採取任何行動時，提醒自己，這行動的本質是什麼。

例如，你若是打算沐浴，請想像過程中常會有什麼狀況：浴場裡會有人將水潑濺得到處都是，會有人相互推擠，會有人惡言謾罵，會有人竊取財物。那麼，你若是在沐浴前告訴自己：「現在要進浴場了，對於各種狀況，我的心要保持安適。」

對於其他行動，也以同樣心態視之。

因為，若能如此，洗浴過程中若是出現任何狀況，你便能說：「我想沐浴，也想保持內心平靜。要是讓心受眼前狀況所擾，可就無法保持平靜了。」

05.

讓人受擾的往往不是事物本身，而是人自己對事物抱持的原則和認知。例如，死亡並不可怕，否則蘇格拉底在臨死之際必然會驚慌。世人對死亡的恐懼，其實是在於對「死亡是可怕的」的認知概念。

當我們遭遇阻礙、為某事困擾或傷心時，莫將這些情緒歸咎於外在的他人或事物本身，而是該往內自省，也就是反省自己抱持的原則。

心智尚未通明的人，會將遭遇的惡劣情況怪罪於外。剛開始學習處理這些情況的人，則會在自身找尋成因。而已達通徹境界的人，既不會將問題歸咎他人，也不會自責。

06.

莫為任何非你本身擁有的優點而驕傲。

一匹馬可以自豪地說「我英姿爽颯」，因為那是馬兒本身擁有的。但是，如果你驕傲地說：「我有一匹英姿爽颯的馬」，你自豪的其實不過是那匹馬的優點，而不是你的。

那麼，什麼才是你自己的？

是你對事物表現的反應。

你若是能對任何事物的本質泰然處之，那麼你便能為自己的理性自豪，因為那正是你自己的。

07.

想像一下，你的船在航程中定錨靠岸。你登島上岸汲水，沿途可能還順手撿個貝殼自娛，或是順道買顆洋蔥。但你的心思必得一直注意那艘船，注意船長呼喊要大夥兒登船繼續航行。船長一旦呼喊，你就得立刻放下手中所有東西，否則就會像隻腳和脖子綁在一起的羊兒似地被拋上船。

人的一生也是如此。你擁有的是妻子兒女，而不是洋蔥貝殼。如果「人生」這艘船的船長在呼叫了，你就得放下一切，立刻返身上船，不再回望他們。你若是年紀大了，便不能離船太遠，否則可能會不及返回船上。

08.

勿苛求事情的發展該如你所祈願，而是祈願該發生的自然會發生，那麼，你便能隨遇而安。

09.

人的疾病阻礙的是肉身，而不是你自主選擇的能力，除非那正是你的選擇。

你若是瘸子，那麼你瘸的是腿，而不是你選擇的能力。

不論發生何事，只要這麼告訴自己，你便會懂得，遭逢的困難阻礙的是事物，而不是阻礙你。

10.

對於遭逢的各種狀況，問自己能否藉力使力，從狀況中得到適切的收穫。

如果眼見誘人色相，你會發現，自制便是你抵抗慾望的能力。你若身陷痛苦，便會發現自己的堅強。若耳聞惡言詆毀，你會發現自己的耐心。一旦養成如此習慣，諸多事物的表象也就對你無所影響了。

11.

別說：「我失去了」，而該說：「我歸還了」。

你的孩子夭折了？其實他回歸了。你的妻子過世了？她也是回歸了。你的屋舍被人奪走了？這不也像是你將之歸還了嗎。

「可是奪走我房子的是惡人啊！」當初給予你的人，如今讓誰來奪走你的房子，真有那麼重要嗎？在你擁有時，好好照顧它，但莫視之為你能永久擁有的財物。

當自己是旅人，而你的屋宅不過是旅店。

12.

你若是人生想過得更順遂，就應拒絕如此思考：「要是我不顧那些瑣事，那就會沒收入；要是我不指正家僕，他們就會變壞。」如果能免受悲傷和恐懼之苦，那麼，就算死於飢餓，也總比生活富裕、心神卻飽受折磨來得好。比起家僕的壞，你過得快樂不是更重要嗎？

生活若是想過得更好，就從細微小事開始改變。油灑出一點？酒被偷了一些？告訴自己：「這不過是人生要過得淡然的一點小代價。任何事情都是有代價的。」當你召喚家僕時，他可能不會過來，也可能來了卻不想做你交代的事。但是他絕對沒有重要到你得打亂自己內心的平靜。

13.

如果你想提升自己，就無需在乎旁人會認為你愚蠢，不解世事。莫期望別人要認為你無所不知。就算你在旁人眼裡似乎是個重要人物，也莫輕信如此虛名。因為在順應自然的狀態下，內心既想保持平靜，同時又想獲得外在事物，是非常困難的。

對於這兩者，當你專注其中一方，必然會忽略另一方。

14.

如果你希望妻兒、朋友能長生不死，那麼你就是愚蠢。因為你想掌控自己根本無法掌控的生死，希望實屬於外的東西也能在你掌控中。

同樣的，如果你希望家僕絕不犯錯，那你就是傻子。因為你希望必然會有的錯誤不是瑕疵，而是它物。

但是，你若是希望自己的慾望不要招來失望，這就是在你能掌控之內了。

因此，練習控制那些你能掌控的。人若是能控制自己的喜惡和趨避，便是自己人生的主人。這樣的人才是真正自由，不會受自己的慾望奴役，也不會對那些受制於人的事物有所喜惡。

15

記住，生活中的所有舉止，都要表現得像是在參加一場餐宴。

宴飲席間若是一盤食物遞到你面前，伸手去接，取用合宜的分量。盤中飧食若是從你身邊遞過，跳過了你，也莫出手截取。如果還沒輪遞到你，也別急欲去拿，而是等著飧食來到你面前。

對於孩子、配偶、職位、財富，也以同樣的態度看待。

如此一來，你最終將成為諸神宴會的座上嘉賓。如果你不僅能做到這些，還能婉拒來到面前的飧食，拒絕自己的慾望，那麼，你不僅能成為諸神宴會的嘉賓，甚至還能進入諸神的國度，成為其中一員。

第歐根尼[1]及赫拉克利特[2]等人，就是因為其尊貴的行為而被視為神聖。

1 第歐根尼（Diogene, 412-323 BC）：古希臘哲學家，犬儒學派代表人物。據說，第歐根尼住在一只大甕內，他的全數財產只有這只甕、一件斗篷、一支棍子和一個麵包袋。某天他正在曬太陽時，亞歷山大大帝來訪，問他有何需要，保證會讓他的願望成真。第歐根尼答道：「我希望你靠邊去，別擋住我的陽光。」亞歷山大大帝後來說：「我若非亞歷山大，願是第歐根尼。」

2 赫拉克利特（Heraclitus, 535-475 BC）：古希臘哲學家，出身貴族家庭，相傳他生性憂鬱，被稱為「哭泣的哲人」。他的文章流傳至今的不多，且愛用悖論和隱喻，因而被稱為「晦澀者」（The Obscure）。

住在大甕中的第歐根尼。

Jean-Léon Gérôme （1824-1904）繪，現存美國 Walters Art Museum。

16.

當你看到別人因為孩子早夭或遠行他方而哭泣，或是他苦於心事而落淚，你務必謹慎，莫受如此情感表象誤導。

你內心必須自有判斷，告訴自己，此人之所以難過，不是因為發生的事情本身，因為其他人並沒有因此而苦惱，而是因為他自己對這件事情的判斷，才造成他如此痛苦。

莫讓自己淪於和他一樣受到影響，當然也別和他哀嘆同悲，不論於外於內皆然。

17.

記住，人不過是一齣戲裡的演員，角色和戲分並不是由自己決定的。

不管這齣劇情節是長或短，不論你我配得的角色是窮人、瘸子、官員，或是低調不作聲的凡人，此生自然地扮演好自己的角色即可。

因為將配得的角色扮演好是你我的本分。

至於角色的分配，就不是我們可決定的了。

18.

當你恰巧聽到烏鴉不祥地嘎嘎叫響，莫讓這個表象破壞了內心平靜，而是要即刻告訴自己：「這才不是什麼惡兆，也不是在預示我的肉身、財物、名譽，或妻兒家人會有什麼厄運。如果願意理性思考，那麼，這都是幸運的預兆。因為我能控制自己該如何看待這些事。不論發生什麼事，我都能從中得到正面收穫。」

19.

如果不去參與任何超乎你掌控範圍內的爭鬥，那麼，你自然不會被擊敗。

因此，當你看到那些聲名顯赫、位高權重，或在各方面都頗具威望的人，別光看表象就斷定他們的人生想必開心無比。幸福的本質只在我們所能掌控的範圍內，若懂得這一點，你我自然不會想去欣羨或攀比。莫嚮往將軍、參議員或是領事等的頭銜名聲，你該嚮往的是內心的自由。

要達到這一點，唯一之道，就是看輕所有不在自己掌控內的事物。

20.

記住，那些口出惡言或動手羞辱你的人，行為者本身並不是一種羞辱，而是代表那些言行的原則讓你感覺被羞辱。

因此，一旦有人激怒你，真正激怒你的，是你對如此行為的觀點。

因此，遭遇狀況時，先別讓自己的感受被事情的表象牽著走。一旦有時間和喘息適當地緩衝，你就更能妥善地控制自己。

21.

將死亡和流放等看似可怕的事視為可見的日常，尤其是死亡，那麼，你便永遠不會心懷惡念，或是飢渴地貪求任何事物。

22.

你若是誠心想親近哲學，就要做好打從一開始就會遭眾人訕笑的準備：「這人一下子就成了個哲學家了呢！」，「呦，你瞧，他那眼神和姿態可高了。」……此時，你該做的不是擺出傲慢姿態，而是要認定自己正是神所指派之人，堅持那些你所認定的。

記住，若能如此堅守，那些訕笑者最終將會對你崇敬有加。但你若是被訕笑擊潰，那麼將會成為雙重的笑話。

23.

如果為了取悅他人，轉而去在意那些你無法掌控的外在事物，那麼你大可放心，因為你已毀壞了自己的生活。

作為哲學家，對任何事物皆感滿足。你若是希望旁人這麼看待你，那麼就對自己這麼表現，如此便已足矣。

24.

「我會顏面盡失，到哪兒都是個一無是處的無名小卒。」莫讓如此想法困擾你。因為恥辱是邪惡的，而你我不該被恥辱感所擾，那麼就接著去從事任何基本的事情。

得到權力或被人嘲笑與否，這是你能控制的嗎？絕對不是。那麼，便無需為此感到恥辱。在自己可掌控的範圍內，你能自主地左右事情的結果，這樣怎可說你到哪兒都一無是處？

「可是我幫不了朋友啊。」也許你會這麼說，但什麼才算「幫忙」？你無法提供金援，或是讓他們成為羅馬公民，那麼，是誰告訴你這些是我們能控制的事情，而不是他們的事呢？況且，如果這些連你自己都沒有，你又怎能給對方？

「好，那我去幫他們得到這些，那麼我們就能共享了。」你也許會這麼說。如果能在保有我的榮譽、忠誠和心智的狀態下取得這些利益，那麼請指點我方法，我就去爭取。但你若是要我喪失自己，好去追求你的不良利益，想想看，這是多麼不公又愚昧。況且，你情願得到一筆錢，還是一個忠誠的朋友？因此，與其要求我去做那些可能有損品格的事，不如幫助我去獲得這樣的品格。

25.

若獲邀參加宴會、得人讚美，受人諮詢的是別人，而不是你，莫為此懊惱。這些若是好事，你應該為對方高興；若是壞事，更是無須為自己沒能得到而難過。

請記得，如果你不用與他人相同的方式，去獲取在你控制之外的事物，就無法期望自己值得公平地分享那些東西。一個不常去拜訪或讚頌偉人的人，豈能跟另一個這麼做的人共享成果呢？你若無意支付某樣東西的價錢，就想平白無故擁有，那這就是不公正，也是貪得無厭。

舉個例子，一棵生菜賣多少錢？五十分。如果別人用五十分買了生菜，但你不想花這個錢，因此也沒拿到生菜，你就別認為對方占了你的便宜。對方得到生菜，但你的五十分可沒付出去。同樣的道理，你未獲邀參加宴會，或得到他人讚美，因為你並未付出要獲邀參加或受人讚美的代價。

你若是認為某樣事物對你有價值，就得同等付出才能擁有。如果你既無意付出，卻又想得到，那你就是貪得無厭的傻子。那麼，你果真一無所有？不，你的確擁有無需向你無意讚美的人美言的自由，有無須忍受對方行為的自由。

26.

我們可從不去區別事物的「他、我」中，學得自然的意志。

例如，鄰家孩子若是打破了杯子還是什麼的，我們會隨口說：「這種事總是會發生。」但打碎的若是你的杯子，你的反應也應當要跟那碎的是別人的杯子一樣。

這道理也能運用在更大的事情上。

當別人的兒女或配偶過世時，我們都能隨口就說：「事出突然，但人終有一死。」然而這悲劇若是發生在自己身上，我們卻會說：「啊，我怎麼這麼不幸。」我們應該記住，自己在聽到此事發生在他人身上時是如何反應的。

27.

正

如同標記不是為了失準而設立，這世上的邪惡，其本質也不是。

28.

若是別人把你的身體隨便交給哪個路上陌生人處置，你必然會很生氣。可是，當他人以惡言攻訐你時，你又為何要主動讓人控制你的思想，令你困惑呢？

29.

做每件事都要再三考慮過緣由和後果之後，才開始行動。否則，當你沒有顧及後果，便興致勃勃地動手，那麼當過程中出現某些後果時，你就會羞愧地罷手。

「我會在奧林匹克賽事上獲勝奪冠。」你若是已將前因後果考慮周全，認為那對你有利，那麼就請全心投入。你必須遵守規則，飲食有所節制；定時鍛鍊，不論寒暑與好惡；不可飲冰水，有時連酒也不行。簡言之，你必須全心全意、徹底忘我地投入訓練。隨後，你在競賽中可能會跌進壕溝，臂膀脫臼，腳踝扭傷，吃進塵土，遭人抽打，最後甚至落敗。

一旦你將這些全都評估過了，而且意向依然堅定，那麼就以勇赴沙場的心態參加。否則，注意了，你就像是玩兒戲的小孩，有時是扮摔角手，有時扮劍鬥士，有時又吹著喇叭，有時又想在看過且喜愛的劇裡演個悲劇角色。

那麼，你也會一會兒是個摔角手，下一次又成了劍鬥士，現在是個哲學家，接著又成了雄辯者。你什麼都做過，然而骨子裡什麼都不是。你就像隻猴子，模仿自己看到的，一件接一件的把戲可把你給逗樂了，然而一旦熟悉之後，便又覺得索然無味。因為你對所有事物從來沒有徹底投入過，也未曾從各個面向深入細究整件事，不過是草率地接觸罷了，不是真有熱情。

於是，有些人看到、聽到哲學家或某個人說起話來滔滔不絕，猶如幼發拉底河（話說回來，真有人說話能如幼發拉底河嗎？），自己就也想當個哲學家。

請先想想看你的本質能力如何，重點又在哪裡。如果你想當摔角手，先想想你的肩、背及大腿，每個人的天賦和資質都不同。你認為當個哲學家，還能像你現在這樣吃喝隨心所欲，情緒暴怒又不滿嗎？

你必須專心、勞動、克制欲望，避見熟人，忍受家僕對你的鄙視和他人的訕笑，接受自己在官職和名譽等成就都不如他人。這些狀況你若是都已考慮周全，而且也能夠放下而不留戀，那麼，你就是擁有一顆追求淡漠、自由和寧靜的心。

如果不然，那就別再繼續。別像小孩子扮家家酒那樣，一會兒要當哲學家，接著又換當政治家，隨後改當雄辯者，最後還想當凱撒的官員。這些追求根本前後不一。不論好壞，你只能擇一。你必須培養自己內在或外在的掌控能力，讓自己投入內在或外在的事物，也就是說，你要嘛是個哲人，要嘛是個凡夫。

30.

人的義務普遍是由關係定義或權衡的。身為人父的，就意味他的兒女理當照顧他，在各方面遵從他，耐性聽他教誨。

但他若是個壞父親呢？好父親豈是天生的？不，不過是「父親」而已。

要是你的兄弟對你不公呢？保持你對他的態度。別想著他做了什麼，而是想著自己要怎麼做，好讓自己的選擇能與自我的本質相符。因為，除非你願意，否則別人是傷不了你的。當你認為你被傷害，你才會被傷害。

因此，若是以如此邏輯讓自己習慣去思考鄰居、公民、將軍等不同的身分，便能明白這些身分相對應的社會責任。

31.

要知道，虔誠相信諸神的關鍵，在於明白祂們是以善和正義統治著宇宙，並且存在著。堅信如此，服膺諸神，臣服其下，追隨諸神，正如最完美的理解所產生的那樣。那麼，當你遇事時便不會指責眾神，認為諸神忽略了你。如此一來，你會從那些自己無法控制的事物當中抽離，不再認為事物有好壞之別。

因為，如果你認為那些你我無法掌控的事物有好壞之別，非好即壞，那麼，當結果事與願違，或是遇上避之唯恐不及的事時，你必然會對眾神心生怨懟。

因為所有生物自然會趨利而避惡，要一個自認受了傷的人，對他認為傷害了他的仇人還心懷喜悅，便是不切實際，一如他對所受的傷也會心有怨懟。因此，當為人子者沒得到他認為應該傳給他的東西時，便會唾罵父親。就像波呂尼克斯和艾特歐克里斯這兩兄弟[3]，正是為了爭奪王國統治而鬩牆。

出於這個原因，為人夫者，水手，商人，喪妻喪子者，都可能會因為自己有所失損，而責罵諸神。人心的虔誠正落於利益所在之處，因此，謹慎看待自己的慾望和厭惡的人，同樣也會謹慎看待自己的虔誠。每個人都有義務依照自己國家的習俗，以純淨之心為神獻上奠酒、祭品和初熟的鮮果，態度不可馬虎，粗心大意，吝嗇，或是逾越個人能力所及。

3 波呂尼克斯（Polynices）和艾特歐克里斯（Eteocles）倆兄弟，是希臘悲劇《伊底帕斯》中，弒父娶母的伊底帕斯王所生的兩個兒子。這段爭權鬥爭也出現在古希臘劇作家艾斯奇勒斯（Aeschylus, 524-456BC）的悲劇《七將攻底比斯》（*Seven Against Thebes*）當中。

古希臘瓦罐上描繪底比斯戰役的情景。
現存法國巴黎羅浮宮。

32.

當你得求助占卜師時，切記，你不知道將會發生什麼事，你是來向他求問的。你知道的是這件事的本質，在你來之前就已知道的本質。

因為，這件事若是我們無法控制的，那麼就絕對沒有好壞之分。因此，前去預測求問時，切莫懷有預設的慾望或厭惡，而是要先明白，不論狀況如何，對你而言都無關緊要，毫無差別，因為你能自行決定要怎麼利用，無人能妨礙你。

接著，帶著自信來到神的面前，視祂為指引者。得到指引後，記得你接受的是什麼樣的導引，以及你若是不遵循，忽視的又是誰的建議。

如同蘇格拉底所言，人對一件事若是左思右想都毫無結果，運用任何理性和方法也都無法探得應知的答案時，才去尋求占卜。因此，當朋友或國家遭逢危急時刻，而你我有義務伸援時，便不該還先去徵詢神諭，問祂是否可行。

因為，儘管占卜結果可能會諭示他們將遭逢不幸，這也不過表示它預示了死亡、毀傷和流放。但我們內在仍有理性，即使有風險，理性也讓人知道，一個人若眼見朋友遭人謀害，卻不出手相救，最後將會被逐出神廟，正如偉大的神諭者皮媞亞[4]所為。

4 皮媞亞（Pythia），古希臘的阿波羅女祭司，在古希臘世界重要的信仰中心德爾菲神廟內傳達阿波羅的神諭，被認為能預知未來。

神諭者皮媞亞。

John Collier（1850-1934）繪，現存澳洲 Art Gallery of South Australia。

33.

為自己訂立一些可供自己獨處，或與他人往來時遵循的特質和品格：

盡可能保持沉默，開口只說必要的話，而且言簡意賅。即便謹言，某些必要時刻我們也會參與討論，但莫多談像是角力士、賽馬、運動冠軍、盛宴等俗常話題，或是對話粗俗。更重要的是莫論人長短，所以莫對人指責、頌揚或評比。如果可以，藉由你的談話把同伴導引到合宜的議題。若是置身在陌生人當中，那麼就緘口不語。

別放任自己在過多場合放聲大笑。

如果可能，莫說髒話，盡量節制。

避免參與公眾的粗俗娛樂，若不得已真有必要，隨時注意自己的言行舉止，便能避免在不自覺間墜入粗俗。一個人就算再怎麼健康，倘若同伴被感染了，他若和他交談，絕對也會被感染。

身體所需的東西堪用即可，餐食、飲品、衣物、屋宅都該如此。摒棄所有炫耀和太過精緻的東西。

盡可能和異性在婚前保持關係純潔，若是發生了，也務必合法合理。但是，對那些依其自由意志從事如此行為的人，也切莫心生厭惡或指責，或是大肆吹噓你自己的守身如玉。

如果你得知那樣的人說你壞話，也別為自己辯解。只要這麼回答就好：「他抓不到我其他的問題，只好拿這個來講。」

沒有必要時常現身公開場合，若是有什麼合宜場合需要出席，勿對任何人表現得太過熱切，在意你自己就好。讓事事如其所是，如此一來，便能無入而不自得，不會遭遇阻礙。徹底迴避那些滔滔雄辯、嘲笑和暴烈的情緒。離開時，別多談已經過去的事，和那些對你個人無益的東西。因為這樣的談話只會顯得你炫耀賣弄，毫無節制。

不要主動去看其他作者的排演，不要輕易出現在他們面前。但若是非去不可，保持嚴肅和鎮定，同時避免顯得陰鬱。

當你需要和他人協商時，尤其是那些地位優越的人，請想像蘇格拉底和芝諾[5]在如此情況下會怎麼做，那麼當你面對任何狀況，便不會茫然不知所措。

當你前去拜訪任何握有權勢之人，先想像他不會在家，你無法獲見，大門也不會為你而開，他根本不會注意到你。如果這些都先想到，你還是認為有義務前去，那麼，記住這些可能會發生的狀況，別對自己說：「這不值得。」因為你若是這樣想，就跟容易受外物影響的俗人無異。

參與對話時，避免頻繁談及自己的經歷和遭遇過的困境。因為不管你自認說出自己的奇險遭遇有多適合，聽在別人耳裡可未必如此。同樣地，也別竭力博取別人的笑聲，因為此舉會讓你自己淪為粗俗，而且也可能減損你對熟人的尊重。若常談及粗鄙的話題也有同樣危險。因此，不論何時，要是有此狀況，待時機恰當時制止這麼做的友人，或者你至少保持沉默、羞愧臉紅，或正色儼然，以表達你對如此言論的不悅。

5 芝諾（Zeno of Citium, 335-263BC），古希臘哲學家，受到蘇格拉底、犬儒學派等的影響。於西元前三〇五年左右創立斯多噶學派。

34.

保護自己莫被看似前景可期的喜悅沖昏頭。延遲你的喜悅之情，冷靜細思，如此便能避免及時行樂之後可能會有的懊悔及自責。

想想看，若是能避免及時行樂的衝動，你會如何自豪。

當下的喜悅雖是滿足，也要留心它誘惑、迷人的力量不會常在。反向去思考，克制衝動能帶來多大的勝利之喜悅。

35.

當你在做一件顯然該做的事時，即便外人全都誤認為那件事是錯的，你也無須迴避，怕被人看到。

因為，那件事若是不該做，那你就該避開不做；但你做的若是對的，又何必畏懼那些錯誤地指責你的人呢？

36.

正如同「此時不是白天，便是夜晚」這陳述非常適用於分離的論點，但極不適用於連結的論點，在飲宴席間取用最大分量的菜餚，雖說能大飽口福，卻是徹底違背飲宴的社交精神。那麼，和別人共席用餐時，不要只顧著眼前餐食的美味，而是要注意全看在餐宴主人眼裡的行為。

37.

你若是佯裝擁有自己能力其實根本未及的特質，就是犯了雙重錯誤：你不僅不具備這個佯裝出來的特質，就連本有的特質也會一併喪失。

38.

走路時，你會小心翼翼，避免踩到釘子或扭到腳。請以同樣的謹慎態度對待自己的心靈，莫使它的掌控能力受到侵害。

種種行事若是皆能抱持如此態度，那麼所有行動必會更加安全。

39.

人身，是衡量一個人的身外之物合宜與否的尺度，就像腳之於鞋履。

鞋履尺寸若是合腳，便是恰到好處；若是過大，穿者必然會走得踉蹌。

就以這例子來說，你若是先給鞋履貼金裝飾，繼而染為紫色[6]，接著又以珠玉寶石綴飾，這就過頭了。一旦逾越應有的合宜尺度，接著就毫無界限了。

6 紫色在古時地中海世界被視為是帝王般的高貴顏色，染料來自骨螺。

40.

人若是在肉身相關事物上耗費過多時間——像是過量運動、攝食飲酒，以及排解其他動物般的需求——便是缺乏智性的徵象。這些偶爾簡單為之即可，注意力應當全心放在智性的理解與判斷上。

41.

若是遇到有人傷害你，或是暗地對你惡言中傷，請記得，對方或許認為他的此番言行乃是出於他的責任。既然如此，他便不可能是依你的對錯標準去行事，而是按照他的認知。

因此，如果對方的行為是從錯誤的表象判斷而來，那麼受到傷損的其實是他，因為他被自己的偏見和誤解所蒙蔽。

若是有人認為一個真實不虛的論點是錯的，那麼，傷損的並非這個論點，而是在此事上被蒙蔽的這個人。

若是這麼去想，你便能寬宏地包容對你謾罵的人。因為你懂得在各種遭遇中對自己說：「這件事在他看來正是如此，但實則不然。」

42.

世上每件事都有兩種處理方式，就像握柄兩端，其一可行，另一不可。

你的手足若是某個作為對你有失公平，勿固執地緊抓著他對你的不公之舉，因為那並不可行。從反向去想，他是你的兄弟，你們一同長大。掌握這一點，再思考該如何處理。

43.

「我比你富有，所以我比你優秀。」「我比你能言善道，所以我比你傑出。」如此推論並無邏輯。

這箇中關連理當是這樣才對：

「我比你富有，因此我的資產比你的多。」「我比你能言善道，因此我的表達方式比你的好些。」

但「人」不能把自己等同於資產或說話方式。

44.

有人沐浴的時間很短？別評判他這樣是錯的，而是單純陳述他洗浴的時間很短。有人酒喝得多？莫評判他這樣不對，而是單純陳述他酒喝得多。

除非你徹底理解別人行為背後的原因，否則怎能知道對方行為的對與錯？

如此一來，也才能避免在徹底理解他人的本質之前，就先從表象去判斷。

45.

永遠別自稱哲人，也別跟常人大談什麼定理，合群自在地和他人共處即可。在飲宴餐席上，別和人討論該如何吃喝，吃你該吃的即可。

要記得，就連蘇格拉底也是極力避免炫耀知識的。每當有人想認識哲學家，希望他能代為引薦時，蘇格拉底也會照做，就算被忽視也不在意。

因此，常人若是說到什麼哲學理論，你在大多數情況下都該保持沉默。因為，若是馬上吐出自己根本還沒消化完的想法，可是相當危險。

要是有人因而批評你什麼都不懂，根本不學無術，而你沒有因此惱火，那麼你的精進之道可說是開始了。因為羊兒可不會把已吃下的草給吐出來，只為了讓牧羊人看看牠吃了多少，而是會先於內將草食消化完畢，而後於外產出乳汁和羊毛。

因此，你無須搬弄那些理論，而是在完全理解之後，透過言行舉止，展現自己真正學到了什麼。

46.

若是你的生活只能捉襟見肘度日，也別因此責怨自己。

你若是只有清水可喝，也別在各個場合都說：「我只能喝水」。

先想想比你我困苦的窮人，生活有多貧乏和艱辛。

勞力鍛鍊和艱辛考驗都是對自己的試煉，而不是為了展現給外在世界看。極度口渴時，啜飲一小口涼水，吐出來，不必告訴別人。

47.

凡夫俗子的狀態及特徵，就是從不認為自己的好壞遭遇都是因自己而起，而是來自於外。但哲學家則是恰好相反。

成熟的哲人絕不審視、讚揚、謾罵或指控他人，也不會說出自視甚高的話語，或說自己通曉萬事。

成熟的哲人遭遇任何困難，都會認為問題源於自己。若受到讚揚，他會在心底暗笑那些對他美言的人。若是遭人譴責，他也不會出言為自己辯護。

他會抑制個人的所有慾望，對什麼都不厭惡，對於令自己受挫的事，也僅以理性看待。任何事他都是溫和行之，若是顯得愚昧、無知，他也不在意。簡言之，對於自己的言行，他就像是個伏擊的敵人，在草叢中看著他自己。

48.

若是有人表現得像是對克律西波斯[7]的著作已然了解通透，還能詳加解釋，告訴你自己：「除非克律西波斯寫得晦澀難解，不然此人這麼誇耀，也不過是出於虛榮。可是我尋求的是什麼？是理解本質、繼而追隨這個本質。那麼，我就去請教理解這個本質的人。我發現克律西波斯理解，於是我向他求教。我不懂他的著作，那麼我就去尋求懂得的人協助。」

我這樣沒什麼好自誇的。當我找到懂得的人，還是要運用他的指導，這一點才是最重要的。

7 克律西波斯（Chrysippus, 280-207BC）：斯多噶學派哲學家，該學派的第二位創始人。

不過，我若是只在意詮釋，那麼我豈不是更像是文法家、而不是思想者？因此，若是有人要我解釋克律西波斯，而我的言行與他的言論不一致，那可是很慚愧的。

克律西波斯 頭像

Marie-Lan Nguyen 攝，現存英國 British Museum。

49.

把你認為正確的道德規律視為法律遵守，好似違犯便是有罪。別在意旁人的看法，因為那畢竟與你無關。那麼，你還要拖延多久，才認為自己值得循著理性的榮耀，精進自我呢？

你學習了哲學理論，對此理當熟悉、也相當熟悉了。那麼，遵循理性，改造自己，切莫推遲。你已是成人了，要是一再拖延，疏忽怠惰，那麼從生到死，都將還是個凡夫俗子。在這當下，想想自己值得活得像個通曉世事的成人。

不論你認為什麼對你最好，視之為不可違犯的律法。不論遭遇到什麼苦痛或歡愉，榮耀或恥辱，要記得，這是一場戰鬥，不能再拖延了。這過程有成有敗，唯有堅持不斷，才能持續精進。就像蘇格拉底正是在各方面不斷讓自己進步，只在乎理性，其他一概不顧，進而至臻完美。儘管你還不是蘇格拉底，但仍該活得像是渴望成為蘇格拉底。

50.

哲學上首要、且最重要的論題，就是道德定理的運用，像是：「我們不該說謊」；其次就是證明，像是：「為何有義務不撒謊」；再其次，就是論證前兩者這樣的證明正確無誤，像是「『這是個論證』的起因為何。」

何為論證，何為結果，什麼矛盾，什麼真理，什麼錯誤——這些都是重要的概念。第三個論題必然是起於第二個，第二個論題則必然是因為第一個。但最必要、也是我們最應關注的，則是第一個。

然而我們的作為卻是背道而馳——

我們把所有時間和精神全花在第三個論題上，卻徹底忽略了最初的論題，因而常在論證為何說謊是不對的的同時，卻又對人撒謊。

為你的心定錨

古羅馬哲學家的50個靜心生活哲思

The Enchiridion of Epictetus

作者	愛比克泰德 Epictetus
譯者	愷易緯
社長	陳蕙慧
總編輯	卜祇宇
行銷	陳雅雯、趙鴻祐、張偉豪
封面設計	井十二設計研究室
排版	宸遠彩藝
印刷	通南彩色印刷股份有限公司

出版	開朗文化 / 遠足文化事業股份有限公司
發行	遠足文化事業股份有限公司（讀書共和國出版集團）
地址	231 新北市新店區民權路 108-2 號 9 樓
電話	(02) 2218-1417
傳真	(02) 2218-0727
客服專線	0800-221-029
信箱	service@bookrep.com.tw
法律顧問	華洋法律事務所 蘇文生律師
出版日期	2021 年 10 月初版一刷 2023 年 07 月初版三刷
定價	新台幣 150 元
ISBN	9789860660739 (紙本) 9789860660777 (EPUB) 9789860660753 (PDF)

本書參譯自一七五八年 Elizabeth Carter 之英譯版。

國家圖書館出版品預行編目

為你的心定錨 / 愛比克泰德 (Epictetus) 著 ; 愷易緯譯 .
-- 初版 . -- 新北市 : 開朗文化 , 遠足文化事業股份有限公司 , 2021.10.
80 面 ; 14.8 X 21 公分
譯自 : Enchiridion
ISBN 978-986-06607-3-9(平裝)

1. 古希臘哲學　2. 人生哲學

141.61　110013191